Alles aus dem Glas

AUFLÄUFE, PLÄTZCHEN, **KUCHEN** & MEHR

Inhalt

Einführung

Viele denken bei den Wörtern „Einmachen" oder „Einweckglas" gleich an eine Großmutter, die Marmelade einkocht und in Einmachgläser abfüllt. Generationen sparsamer, cleverer Hausfrauen und verantwortungsvoller Köche nutzten diese Gläser, um verführerische Sommerfrüchte für die kalten Wintertage zu konservieren. Der Trend der letzten Jahre zeigt, dass diese Behälter wieder vermehrt Einzug in unsere Küchen gehalten haben und dass das Haltbarmachen von Obst und Gemüse nicht nur praktisch, sondern auch sinnvoll und köstlich ist.

Dieses Buch wird Ihnen zeigen, wie vielseitig Einmachgläser wirklich sind. Die Gläser sind in einer großen Vielfalt erhältlich und sehr stabil. Sie halten sowohl hohen als auch niedrigen Temperaturen stand und müssen deshalb auch nicht im Vorratsschrank verstauben. Diese Gläser können in den Ofen, in den Kühlschrank und sogar in den Gefrierschrank. Sie können das Gericht direkt in den Gläsern servieren oder diese als Behälter für Suppe, Salat, Kuchen, Quiche und Pizza verwenden. In kleinen Gläsern können Sie Mini-Kuchen backen, und Desserts für Gäste vorbereiten und gut verschlossen im Kühlschrank aufbewahren. Ein Glas mit Brownie-Mix ist ein wunderbares Geschenk, und wenn Sie keine Zeit zum Kochen haben, sind ein paar Gläser mit einem cremigen Nudelauflauf schnell zubereitet.

Die Frage ist also, was kann man mit einem Schraubglas nicht machen?

DIE WAHL DES SCHRAUBGLASES

Die Wahl des richtigen Glases hängt davon ab, was Sie zubereiten wollen. Wenn Sie planen, Lebensmittel längerfristig zu lagern oder darin zu kochen, sollten Sie stabile Schraubgläser verwenden, die hohen Temperaturen standhalten und deren Deckel einen Gummiring haben.

Die üblichen Twist-off-Deckel von Schraubgläsern sind sehr praktisch und für alle Zubereitungs- und Lagerarten geeignet. Die Deckel der originalen Weckgläser bestehen aus zwei Teilen, einem Gummiring und einem Glasdeckel, der mit Klemmen am Glas befestigt wird.

Für die Rezepte in unserem Buch eignet sich jede Art von Schraubglas, weil alles für den kurzfristigen Gebrauch bestimmt ist. Für die Rezepte in diesem Buch benötigen Sie Gläser mit 225 ml Inhalt und Gläser mit 475 ml Inhalt, beide mit breiter Öffnung. Wenn Sie jeweils ein Dutzend Gläser anschaffen, sind Sie für alle Rezepte in diesem Buch bestens ausgerüstet.

Wir haben uns dafür entschieden, Gläser mit breiter Öffnung und runder Form zu verwenden, weil diese sich sowohl zum Servieren als auch zum Einfrieren eignen. Bei Einmachgläsern mit einem schmalen Hals, besteht die Gefahr, dass der Platz im gefüllten Glas zum Einfrieren nicht ausreicht. Beim Gefrieren dehnt sich Flüssigkeit aus und braucht mehr Raum. Ist dieser nicht vorhanden, könnte das Glas platzen.

Sollten Sie bereits einen Vorrat an normalen Schraubgläsern mit schmalem Hals haben, können Sie diese natürlich auch problemlos verwenden. Sie sollten nur darauf achten, die Gläser nicht zum Einfrieren zu nutzen.

Das Wichtigste bei der Wahl Ihres Schraubglases ist, dass das Glas einwandfrei ist, also keine Risse oder Absplitterungen aufweist.

SO WERDEN SCHRAUBGLÄSER BENUTZT

Schraubgläser können auf unzählige Arten verwendet werden. Im ersten Kapitel dieses Buchs stellen wir Ihnen Gerichte vor, die im Glas zubereitet und serviert werden, von Pizza über Quiche bis hin zu Kuchen. Für die Rezepte wird die Hitzebeständigkeit des Glases genutzt, außerdem werden kleine Einzelportionen zubereitet, die hübsch aussehen und sehr praktisch für ein Picknick oder ein Essen zum Mitnehmen sind.

Das zweite Kapitel enthält Gerichte, die direkt aus dem Glas serviert werden, sodass man die hübschen Farbschichten und Texturen genau erkennen kann – roter Samtkuchen mit luftiger Buttercreme, Orangen-Pannacotta mit Brombeerkompott oder Quinoa-Salat mit Erdbeeren, Mandeln, Frühlingszwiebeln und Minze. Auch diese Gerichte sind ein absoluter Blickfang, und Sie können sie wunderbar als Mitbringsel verwenden oder zum Picknick mitnehmen.

Im dritten und letzten Kapitel setzen wir die Gläser als hübsche Verpackung für festliche Geschenke ein, wie beispielsweise der Mix für Linsensuppe, der Pfannkuchen-Mix oder der Brownie-Mix mit Extraschokolade.

Bei all diesen Mischungen wird die Beschaffenheit des Schraubglases genutzt, man kann die Farben und Texturen der Lebensmittel durch das Glas sehen, das im Ofen hitzebeständig und im Gefrierfach kälteresistent ist. Überdies ist es stabil genug, um die Leckereien im Inneren sicher zu transportieren.

TIPPS FÜR GUTES GELINGEN

Schraubgläser sind wahre Verwandlungskünstler, doch nutzt man sie zum Kochen, muss man ein wenig anders vorgehen als beim herkömmlichen Zubereiten. Die Rezepte in diesem Buch sind speziell für das Zubereiten, Servieren und Aufbewahren in Schraubgläsern entwickelt worden. Sollten Sie eins Ihrer Lieblingsrezepte in Gläsern zubereiten wollen, müssen Sie eventuell mit kleinen Pannen rechnen. Garzeiten und -temperaturen müssen an das Schraubglas angepasst werden und beim Schichten der Lebensmittel müssten Sie wahrscheinlich erst ein wenig experimentieren, bevor Sie die richtige Mischung gefunden haben.

Zum Reinigen spülen Sie die Gläser mit heißem Wasser und Spülmittel aus, oder Sie stellen sie in die Spülmaschine. Wenn Sie Ihre Gläser zum längeren Lagern verwenden wollen, sollten Sie sie 10–15 Minuten in sprudelnd kochendem Wasser sterilisieren, bevor Sie sie befüllen.

Wenn Sie sich dafür entscheiden, ein neues Rezept im Schraubglas zuzubereiten, dann sollten Sie bildlich denken. Wählen Sie Gerichte mit verschiedenen Farben und Texturen aus, die sich gut schichten lassen. Leuchtend bunte Früchte und erdfarbene Nüsse oder Samen bilden zum Beispiel einen wunderschönen Kontrast.

Wenn Sie Essen in Schraubgläsern einfrieren möchten, verwenden Sie am besten Gläser mit runder Form und breiter Öffnung. Lassen Sie beim Befüllen der Gläser etwa 1 cm Luft unter dem Deckel, damit sich die Flüssigkeit ausbreiten kann. Wenn Sie Gläser mit einem schmalen Hals verwenden, dann sollten Sie sie nur bis zu zwei Dritteln befüllen, damit sie nicht platzen.

Plätzchenteig-Mischungen lassen sich wunderbar einfrieren, und die Plätzchen können aus dem Glas direkt in den vorgeheizten Ofen zum Backen gegeben werden. Andere Mischungen tauen Sie am besten auf, indem Sie sie über Nacht in den Kühlschrank oder für einige Stunden auf die Arbeitsplatte stellen. Auch Kuchen gefrieren sehr gut, sollten aber ohne Glasur tiefgefroren werden. Diese tragen Sie dann erst vor dem Servieren auf.

Heutzutage sind Schraubgläser nicht nur nützliche Behälter zum Haltbarmachen von Lebensmitteln. Vielmehr können Sie mit den Gläsern auch interessante Gerichte und originelle Geschenke herstellen. Lassen Sie sich von den Gläsern inspirieren und seien Sie experimentierfreudig. Selbst Ihre Großmutter würde wahrscheinlich erblassen, wenn Sie sehen könnte, auf welch kreative Art und Weise ihre altmodischen Schraubgläser heute unsere Küchen bereichern.

Aus dem
Ofen

Aus dem Ofen

Einmachgläser sind ideale Behälter für Einzelportionen. Weil sie aus hitze-beständigem Glas hergestellt sind, zerspringen sie nicht im Backofen, wie Keramikförmchen. Sie sparen Zeit beim Spülen, weil Sie das Essen im selben Gefäß zubereiten und servieren. Und es kommt noch besser: Die Schraubgläser verschließen Sie mit einem Deckel, sodass Sie einen prakti-schen Behälter fürs Picknick im Park oder zum Aufbewahren für den nächsten Tag haben.

Das Beste an Einmachgläsern aber ist, dass die schönen Farben und Tex-turen der Lebensmittel gut zur Geltung kommen, wie zum Beispiel beim Regenbogenkuchen. Doch nicht nur Desserts aus dem Ofen können in Gläsern zubereitet werden. Probieren Sie doch einmal überbackene Pasta-gerichte wie Nudelauflauf, herzhafte Tartes wie die Spargeltartes oder – ob Sie's glauben oder nicht – Pizza aus dem Glas.

Viele der Gerichte können im Kühlschrank oder Gefrierfach vor oder nach dem Zubereitung aufbewahrt werden. Einige, wie der Beerenauflauf oder Nudelauflauf, sollten vor dem Backen oder Garen zunächst tiefgefroren werden und zum Fertigstellen direkt aus dem Gefrierfach in den heißen Backofen gestellt werden. Andere wiederum, wie Kuchen, sollten erst gebacken werden und dann gelagert (jedoch ohne Glasur). Jedes einzelne Rezept enthält hierzu genaue Anweisungen.

In Schraubgläsern zu kochen ist nicht weiter schwierig, aber es weicht ein wenig vom herkömmlichen Vorgehen ab. Kleinere Portionen garen schneller als große, und die Garzeit im Glas ist länger als in Metallgefäßen. Sie müssen ein wenig experimentieren, um normale Kochrezepte für die Zubereitung in Schraubgläsern abzuwandeln. Die Rezepte hier wurden alle speziell für die Zubereitung in Gläsern entwickelt und getestet. Wenn Sie also ein neues Rezept ausprobieren, sollten Sie auf jeden Fall Zeit für einen Testdurchlauf einplanen.

 # Regenbogenkuchen

In Einmachgläsern kommen die Regenbogenfarben dieses kleinen Kuchens besonders gut zur Geltung. Ein Wölkchen aus Buttercreme und bunten Liebesperlen krönen diesen leckeren Mini-Kuchen.

ERGIBT: 6 kleine Gläser

 ZUBEREITEN 45 Minuten
GAREN 24 Minuten

ZUTATEN:

Backspray, zum Einfetten

200 g Mehl

1½ TL Backpulver

¼ TL Salz

120 g weiche Butter

200 g feiner Zucker

einige Tropfen Vanillearoma

4 große Eiweiß

125 ml Milch

rote, gelbe, grüne und blaue Lebensmittelfarbe aus der Tube

Liebesperlen in verschiedenen Farben, zum Dekorieren

Buttercreme

3 Eiweiß

175 g Zucker

225 g weiche Butter

einige Tropfen Vanillearoma

1. Den Backofen auf 180 °C vorheizen. Sechs Schraubgläser mit breiter Öffnung à 225 ml Inhalt mit Backspray einsprühen. Die Gläser auf ein Kuchenblech setzen.

2. Für die Kuchen Mehl, Backpulver und Salz in eine mittelgroße Schüssel geben und alles vermischen.

3. Butter und Zucker in eine große Schüssel geben und mit einem Handmixer auf hoher Stufe schlagen, bis der Teig hell und schaumig ist. Dann Vanillearoma und nach und nach die Eier einarbeiten. Den Handmixer auf mittlere Stufe stellen und die Hälfte der Mehlmischung einrühren. Dann die Milch zugeben. Den Teig vom Rand in die Schüssel schaben und das restliche Mehl unterrühren.

4. Den Teig auf 6 kleine Schüsseln verteilen. Den Teig in einer Schüssel mit 8–10 Tropfen roter Lebensmittelfarbe rot einfärben. Eine zweite Schüssel mit 8 Tropfen gelber und 4 Tropfen roter Farbe orange einfärben. Eine dritte Schüssel mit 8 Tropfen gelber Farbe einfärben. Je eine weitere mit 8 Tropfen grüner Farbe und eine mit 8 Tropfen blauer Farbe einfärben. Die letzte Schüssel mit 8 Tropfen rot und 4 Tropfen blau in Violett einfärben.

5. Den Teig Farbe für Farbe auf die vorbereiteten Gläser verteilen. Dabei mit Violett beginnen. Je einen Esslöffel Teig in ein Glas geben und mit dem Löffelrücken verteilen, sodass der ganze Boden bedeckt ist. Zunächst den violetten Teig komplett aufbrauchen, dann erst mit der nächsten Farbschicht beginnen. Mit dem verbliebenen Teig in der Reihenfolge blau, grün, gelb, orange und rot weitermachen. 22–24 Minuten im Ofen backen, bis ein in die Mitte gestochener Holzspieß sauber wieder herausgezogen werden kann. Aus dem Ofen nehmen und abkühlen lassen.

6. Inzwischen für die Buttercreme ein Wasserbad vorbereiten. Dafür in einem Topf Wasser zum Kochen bringen und sanft köcheln lassen. In einer hitzebeständigen Schüssel Eiweiß und Zucker vermischen und auf das Wasserbad setzen. Die Schüssel sollte dabei das Wasser berühren. Etwa 5 Minuten ständig rühren, bis sich der Zucker vollständig aufgelöst hat und die Eiweißmischung warm ist. Zur Probe vorsichtig etwas Flüssigkeit entnehmen und zwischen Daumen und Zeigefinger reiben. Wenn

Wenn Sie die Kuchen lagern wollen, folgen Sie der Zubereitung bis einschließlich Schritt 5. Bereiten Sie noch keine Buttercreme vor. Verschließen Sie die Gläser mit den Deckeln und lagern Sie sie bis zu 5 Tage im Kühlschrank oder bis zu 3 Monate im Gefrierfach. Zum Servieren tauen Sie die Kuchen auf, bereiten die Buttercreme zu und bestreichen die Mini-Kuchen erst kurz vor dem Servieren.

keine Körner mehr zu fühlen sind, ist der Zucker aufgelöst. Den Topf vom Herd nehmen und die Masse mit einem Handmixer 5 Minuten auf höchster Stufe schlagen, bis sie steif ist und glänzende Spitzen wirft. Die Butter esslöffelweise zugeben und weiterrühren. Das Vanillearoma einrühren. Dann die fertige Buttercreme in einen Spritzbeutel füllen.

7. Wenn die Küchlein vollständig abgekühlt sind, die Buttercreme aus dem Spritzbeutel vorsichtig auftragen. Sollten die Kuchen über den Rand hinaus aufgegangen sein, den oberen Abschluss vor dem Auftragen der Creme mit einem Messer begradigen. Mit Liebesperlen bestreuen und bei Zimmertemperatur servieren.

★ Aufbewahren ★

Den ungebackenen Kuchenteig können Sie 2–3 Tage im Kühlschrank oder bis zu 1 Monat im Gefrierfach aufbewahren. Sie können den Kuchenteig auch schon in Gläser abfüllen, bevor Sie ihn in den Kühlschrank oder ins Gefrierfach stellen. Entfernen Sie vor dem Backen die Deckel und planen Sie eine 10–15 Minuten längere Backzeit ein, falls der Teig noch gefroren ist.

Diese zarten, fruchtigen Küchlein zergehen auf der Zunge. Sie schmecken sogar noch besser, wenn sie mit einem Löffel Schlagsahne serviert werden.

 Zitronenküchlein

Ergibt: 6 kleine Gläser

 ZUBEREITEN 15 Minuten
GAREN 30 Minuten

ZUTATEN:

200 g Mehl

1½ TL Backpulver

¼ TL Salz

170 g weiche Butter, plus etwas mehr zum Einfetten

200 g feiner Zucker

2 große Eier

fein abgeriebene Schale und Saft von 1 Zitrone

geschlagene Sahne, zum Servieren (nach Belieben)

Zuckerguss
50 g Zucker

Saft von 1 Zitrone

1. Den Backofen auf 180 °C vorheizen. Sechs Schraubgläser mit breiter Öffnung à 225 ml Inhalt einfetten und auf ein Kuchenblech setzen.

2. Mehl, Backpulver und Salz in eine mittelgroße Schüssel geben und alles vermischen.

3. Butter und Zucker in eine zweite Schüssel geben und mit einem Handmixer auf hoher Stufe schaumig schlagen. Nach und nach die Eier unterrühren. Die Zitronenschale und die Hälfte der Mehlmischung einrühren. Dann den Zitronensaft einarbeiten. Den Teig vom Rand in die Schüssel schaben und das restliche Mehl unterrühren.

4. Den Teig auf die vorbereiteten Schraubgläser verteilen und im vorgeheizten Ofen etwa 30 Minuten backen, bis ein in die Mitte gestochener Holzspieß sauber wieder herausgezogen werden kann.

5. Die Kuchen aus dem Ofen nehmen und sofort mit einem Spieß in jeden Kuchen Löcher hineinstechen. Für den Zuckerguss 1 Teelöffel Zucker auf jeden Kuchen geben. Den Zitronensaft mit dem restlichen Zucker verrühren und die Mischung über die Kuchen verteilen. Am besten noch warm und mit oder ohne Sahne servieren.

2.

4.

5.

 # Schokotraum

Diese klassische amerikanische Süßigkeit, die eigentlich über offenem Feuer zubereitet wird, schmeckt aus Gläsern mindestens genauso gut.

ERGIBT: 8 kleine Gläser

ZUBEREITEN 30 Minuten
GAREN 47 Minuten

ZUTATEN:

Boden

120 g Butterkekse, in Stücke gebrochen

75 g Zucker

120 g zerlassene Butter, plus etwas mehr zum Einfetten

Kuchen

125 g Mehl

60 g Kakaopulver

1½ TL Backpulver

¼ TL Salz

120 g weiche Butter

200 g feiner Zucker

einige Tropfen Vanillearoma

2 große Eier

125 g Sahne

40 g Schokotröpfchen oder Milchschokolade, gehackt

32 große Marshmallows

1. Den Backofen auf 180 °C vorheizen. Acht Schraubgläser mit breiter Öffnung à 225 ml Inhalt einfetten und auf ein Kuchenblech setzen.

2. Für den Boden die Kekse in einen Mixer geben und mit der Pulsfunktion fein zerkrümeln. Zucker und Butter hinzufügen und so lange weiterverarbeiten, bis alle Zutaten vermischt sind.

3. Je 2 Esslöffel der Mischung in ein vorbereitetes Glas geben und mit dem Daumen auf Boden und Seiten fest andrücken. In den vorgeheizten Ofen stellen und 12 Minuten backen, bis der Teig leicht aufgeht und goldbraun wird.

4. Für die Kuchen Mehl, Kakaopulver, Backpulver und Salz in eine mittelgroße Schüssel geben.

5. Butter und Zucker in eine zweite Schüssel geben und mit einem Handmixer verquirlen. Dann Vanillearoma und nach und nach die Eier unterrühren. Die Hälfte der Mehlmischung einarbeiten. Das restliche Mehl zugeben und so lange rühren, bis es gerade eingearbeitet ist. Die Schokoladenstückchen vorsichtig unterheben.

6. Den Teig auf die vorbereiteten Schraubgläser verteilen und im vorgeheizten Ofen 30 Minuten backen, bis ein in die Mitte gestochener Holzspieß fast sauber wieder herausgezogen werden kann. Dann die Kuchen aus dem Ofen nehmen und leicht abkühlen lassen.

7. Die Backofentemperatur auf 240 °C erhöhen und 4 Marshmallows auf jeden Kuchen drücken. Die Kuchen zurück in den Ofen stellen und weitere 5–7 Minuten backen, bis die Marshmallows weich und leicht gebräunt sind. Aus dem Ofen nehmen und vor dem Servieren abkühlen lassen. Warm servieren.

3.

6.

7.

★ Aufbewahren ★

Zur Lagerung folgen Sie der Anleitung bis Schritt 6. Lassen Sie dann die Kuchen auf Zimmertemperatur abkühlen. Verschließen Sie die Gläser mit den Deckeln und bewahren Sie sie bis zu 5 Tage im Kühlschrank oder bis zu 3 Monate im Gefrierfach auf. Zum Servieren erhitzen Sie den Backofen auf 240 °C, lassen die Kuchen auf Zimmertemperatur auftauen, geben die Marshmallows darauf und backen sie.

19

★ Aufbewahren ★

Wenn Sie die Apple Pies zusammengestellt haben, können Sie sie im zugeschraubten Glas bis zu 3 Monate einfrieren. Zum Servieren die Deckel entfernen, die Pies in den kalten Backofen stellen und diesen auf 220 °C erhitzen. 20 Minuten backen, dann auf 190 °C schalten. 35–40 Minuten gar backen. Abkühlen lassen und servieren.

Es ist kaum zu glauben, dass man mit so wenigen Zutaten ein so köstliches Dessert zubereiten kann – sogar zum Mitnehmen.

Apple Pies

ERGIBT: 6 kleine Gläser

ZUBEREITEN 15 Minuten
GAREN 45–50 Minuten

ZUTATEN:

400 g Mürbeteig (Fertigprodukt)

375 g Boskop oder andere Kochäpfel, geschält, entkernt und gewürfelt

1 EL Zitronensaft

65 g grober Zucker

2 EL hellbrauner Zucker

2 EL Mehl, plus etwas mehr zum Bestäuben

½ TL Zimt

⅛ TL geriebene Muskatnuss

1. Den Backofen auf 220 °C vorheizen.

2. Den Teig halbieren und eine Hälfte auf einer bemehlten Arbeitsplatte ausrollen. 6 Teigkreise von 7,5 cm Durchmesser ausstechen. Jeweils einen Kreis auf den Boden von sechs Schraubgläsern mit breiter Öffnung à 225 ml Inhalt legen. Den Teig am Boden und an den Seiten andrücken.

3. Äpfel und Zitronensaft in eine große Schüssel geben und vermengen. Dann groben Zucker, braunen Zucker, Mehl, Zimt und Muskatnuss zugeben und umrühren, bis die Äpfel damit überzogen sind. Die Mischung auf die 6 Gläser verteilen und möglichst fest andrücken.

4. Den restlichen Teig auf der leicht bemehlten Arbeitsfläche ausrollen und wieder 6 Teigkreise von 7,5 cm Durchmesser ausstechen. Mit einer Gabel in jeden Kreis kleine Löcher stechen. Die Teigkreise auf die Gläser verteilen und die Apfelmischung damit abdecken, dabei den Teig ins Glas hineindrücken. Die Gläser auf ein Backblech stellen und im vorgeheizten Ofen etwa 15 Minuten backen. Die Temperatur auf 190 °C herunterstellen und weitere 30–35 Minuten backen, bis die Füllung Blasen wirft und der Teig goldbraun und knusprig ist. Aus dem Ofen nehmen und 10–15 Minuten abkühlen lassen. Die Apple Pies noch warm servieren.

2.

3.

4.

★ Aufbewahren ★

Wenn Sie bei der Vorbereitung den braunen Zucker weglassen,
dann können Sie die Aufläufe auch bis zu 3 Monate einfrieren.
Zum Servieren den Ofen auf 180 °C vorheizen, Deckel entfernen,
Zucker daraufgeben und im vorgeheizten Ofen 40 Minuten
backen, bis der Belag goldbraun und der Auflauf gar ist.

Dieser hübsche und süße Beerenmix ist eine tolle Möglichkeit, um die Köstlichkeiten des Sommers auch später noch zu genießen.

Beerenauflauf

ERGIBT: 8 kleine Gläser

ZUBEREITEN 15 Minuten
GAREN 35 Minuten

ZUTATEN:

575 g gemischte Beeren
(eine Kombination aus Brombeeren,
Johannisbeeren, Blaubeeren und
Erdbeeren), aufgetaut und abgetropft,
falls tiefgefroren

100 g Zucker

1 EL Zitronensaft

2 EL Speisestärke

Belag

125 g Mehl

25 g grober Zucker

½ TL Zimt

1 Prise Salz

60 g Butter

4 EL Sahne

1 großes Ei

4 TL brauner Zucker

1. Den Backofen auf 180 °C vorheizen.

2. Beeren, Zucker, Zitronensaft und Speisestärke in eine mittelgroße Schüssel geben und alles vermischen. Die Beerenmischung auf acht Schraubgläser à 225 ml Inhalt verteilen.

3. Für den Belag Mehl, Zucker, Zimt und Salz in eine Küchenmaschine geben und mit der Pulsfunktion vermischen. Die Butter hinzufügen und erneut mixen, bis alles fein krümelig ist. Sahne und Ei dazugeben und so lange mixen, bis die Mischung eine lockere Masse bildet.

4. Den Belag auf die Beerenmischung in den einzelnen Gläsern verteilen. Den braunen Zucker darüberstreuen und die Gäser in den vorgeheizten Backofen stellen. 35 Minuten backen, bis der Belag goldbraun und durch ist. Warm servieren.

2.

2.

4.

★ Aufbewahren ★

Bereiten Sie den Nudelauflauf bis zu dem Schritt zu, an dem Sie die Semmelbrösel über den Auflauf geben. Verschließen Sie die Gläser mit den Deckeln und frieren Sie sie bis zu 3 Monate ein. Zum Servieren heizen Sie den Ofen auf 190 °C vor. Entfernen Sie die Deckel und backen Sie den Auflauf 30 Minuten.

Dieses cremige Pastagericht mit würzigem Käse und feiner Paprikanote ist ein absoluter Gaumenschmaus.

Nudelauflauf

ERGIBT: 8 kleine oder 4 große Gläser

ZUBEREITEN 15 Minuten
GAREN 35 Minuten

ZUTATEN:

Öl, zum Einfetten

450 g Makkaroni oder andere kurze Nudeln

120 g Butter

2 EL Mehl

300 g Kochsahne

350 g reifer Gouda, Emmentaler oder Gruyère, geraspelt

125 g Fontina-Käse, geraspelt

2 TL Paprikapulver, edelsüß oder scharf

½ TL Salz

½ TL Pfeffer

Belag

45 g japanische Semmelbrösel

3 EL zerlassene Butter

25 g Parmesan, frisch gerieben

1. Den Backofen auf 190 °C vorheizen und acht Schraubgläser mit breiter Öffnung à 225 ml Inhalt oder vier Schraubgläser mit breiter Öffnung à 225 ml Inhalt einfetten und auf ein Backblech setzen.

2. Die Pasta gemäß Packungsangabe zubereiten, bis sie gar, aber bissfest ist. Beim Abgießen 125 ml Nudelwasser auffangen.

3. Die Butter in einem großen Topf zerlassen. Das Mehl zugeben und bei mittlerer Hitze rühren, bis die Mischung anbräunt und ein nussiges Aroma entwickelt. Die Hitze reduzieren und die Sahne einrühren, bis die Mischung glatt ist. Den Topf vom Herd nehmen und beide Käsesorten einrühren, bis sie vollständig geschmolzen sind. Sollte die Sauce zu dick sein, etwas Nudelwasser esslöffelweise zugießen, bis die gewünschte Konsistenz erreicht ist. Gut verrühren. Paprikapulver, Salz und Pfeffer einrühren. Die Pasta zugeben und gut mit der Sauce überziehen. Die Pasta auf die Gläser verteilen.

4. Für den Belag Semmelbrösel, Butter und Parmesan verrühren. Gleichmäßig über die Pasta verteilen.

5. Die Gläser in den Ofen stellen und 25 Minuten backen, bis die Mischung Blasen wirft und der Belag goldbraun ist. Vor dem Servieren 1–2 Minuten ruhen lassen.

Focaccia lässt sich sehr gut als Einzelportion zubereiten. Unter der leckeren goldenen Kruste verbirgt sich ein köstlicher weicher Kern.

Salbei-Focaccia mit schwarzen Oliven & Tomaten

ERGIBT: 12 kleine Gläser

ZUBEREITEN 15 Minuten, plus 2¼ Stunden zum Gehen
GAREN 35 Minuten

ZUTATEN:

400 ml lauwarmes Wasser

7 g Trockenbackhefe

1 EL Zucker

600 g Mehl (Type 550), plus etwas mehr zum Bestäuben

1 EL Salz

225 ml Olivenöl, plus etwas mehr zum Beträufeln

60 g Kalamata-Oliven, gehackt

25 g sonnengetrocknete Tomaten, gehackt

1 EL frisch gehackter Salbei

grobes Salz, zum Bestreuen

1. Das Wasser in eine große Rührschüssel gießen und Hefe und Zucker hineinstreuen. 15–20 Minuten an einem warmen Ort gehen lassen, bis die Mischung aufschäumt.

2. Mehl, Salz, und die Hälfte des Öls zur Hefemischung geben und mit einem Handmixer auf kleiner Stufe rühren, bis der Teig sich bindet. Den Teig etwa 5 Minuten mit den Händen kneten, bis er glatt und elastisch ist. Er sollte relativ feucht und klebrig sein, aber wenn er zum Bearbeiten zu feucht ist, geben Sie esslöffelweise Mehl dazu, bis die passende Konsistenz erreicht ist.

3. Den Teig auf eine bemehlte Arbeitsfläche legen und Oliven, Tomaten und Salbei unterkneten. Zu einem glatten Teig kneten und in eine große, mit Öl bepinselte Schüssel legen. Die Kugel darin wenden, bis sie vollständig mit Öl überzogen ist. Mit einem Geschirrtuch abdecken und etwa 1 Stunde an einem warmen Ort gehen lassen, bis sich das Teigvolumen verdoppelt hat.

4. Je 1 Teelöffel des restlichen Öls in zwölf Schraubgläser mit breiter Öffnung à 225 ml Inhalt geben. Die Gläser mit dem Öl ausstreichen. Aus dem Teig 12 Kugeln formen und jede in ein vorbereitetes Glas geben. Die Kugeln im Glas wenden, bis sie vollständig mit Öl überzogen sind. Die Gläser auf ein Backblech setzen und 1 Stunde ruhen lassen, bis der Teig sich verdoppelt hat.

5. Inzwischen den Backofen auf 220 °C vorheizen. Die Teigkugeln mit etwas Öl beträufeln und mit grobem Salz bestreuen. Im vorgeheizten Ofen etwa 35 Minuten backen, bis die Oberseite aufgegangen und goldbraun ist. Die Focaccia warm oder auf Zimmertemperatur abgekühlt servieren.

 **3.**

 **4.**

 **5.**

★ Aufbewahren ★

Die Focaccia kann mit Frischhaltefolie abgedeckt bei Zimmertemperatur 1–2 Tage aufbewahrt werden. Sie können die fertigen
Focaccia-Brote auch aus den Gläsern nehmen und in Gefrierbeuteln bis
zu 3 Monate einfrieren. Vor dem Servieren auftauen lassen.

Kinder und Erwachsene gleichermaßen werden von diesen Mini-Pizzas mit einfacher Tomatensauce, frischem Mozzarella und Basilikum begeistert sein.

Pizza Margherita

ERGIBT: 12 kleine Gläser

 ZUBEREITEN 45 Minuten, plus 1¼ Stunden zum Gehen
GAREN 50 Minuten

ZUTATEN:

400 ml lauwarmes Wasser

7 g Trockenbackhefe

1 EL Zucker

600 g Mehl (Type 550), plus etwas mehr zum Bestäuben

1 EL Salz

125 ml Olivenöl, plus etwas mehr zum Beträufeln

450 g Mozzarella, in dünnen Scheiben

1 Handvoll frisches Basilikum, grob gehackt

grobes Salz, zum Bestreuen

Sauce

1 EL Butter

1 EL Olivenöl

2 Knoblauchzehen, fein gehackt

2 Schalotten, gehackt

800 g San-Marzano-Tomaten aus der Dose, in Scheiben, mit Saft

¼ TL Chiliflocken

Salz und Pfeffer

1. Das Wasser in eine große Rührschüssel gießen und Hefe und Zucker hineinstreuen. 15–20 Minuten an einem warmen Ort gehen lassen, bis die Mischung aufschäumt.

2. Mehl, Salz, und die Hälfte des Öls zur Hefemischung geben und mit einem Handmixer auf kleiner Stufe verrühren, bis der Teig sich bindet. Den Teig etwa 5 Minuten mit den Händen kneten, bis er glatt und elastisch ist. Er sollte relativ feucht und klebrig sein, aber wenn er zum Bearbeiten zu feucht ist, geben Sie esslöffelweise Mehl dazu, bis die passende Konsistenz erreicht ist.

3. Den Teig auf eine leicht bemehlte Arbeitsfläche legen und weitere 1–2 Minuten durchkneten. Falls nötig mit Mehl bestäuben. Zur Kugel formen und in eine große, mit Öl bepinselte Schüssel legen. Die Kugel darin wenden, bis sie vollständig mit Öl überzogen ist. Mit einem Küchentuch abdecken und etwa 1 Stunde an einem warmen Ort gehen lassen, bis sich das Teigvolumen verdoppelt hat.

4. Inzwischen für die Sauce Butter und Öl in einem mittelgroßen Topf erhitzen, bis die Butter zerlassen und das Öl heiß ist. Knoblauch und Schalotten zugeben und unter Rühren 4 Minuten kochen, bis sie weich sind. Tomaten, ½ Teelöffel Salz, ½ Teelöffel Pfeffer und Chiliflocken zugeben und alles zum Kochen bringen. Die Hitze auf mittlere Stufe reduzieren und die Sauce 45 Minuten köcheln lassen, bis sie eingedickt ist. Mit einem Stabmixer pürieren und mit Salz und Pfeffer abschmecken.

5. Zwölf Schraubgläser mit breiter Öffnung à 225 ml Inhalt einölen und auf ein Backblech stellen. Den Backofen auf 200 °C vorheizen.

6. Den Teig halbieren. Eine Hälfte in die Schüssel zurücklegen und mit einem Geschirrtuch abdecken. Die andere Hälfte zu 12 Kugeln formen. Jede Kugel zu einem Kreis von 10 cm Durchmesser ausrollen und auf die Gläser verteilen. Die Teigkreise am Boden und an den Seiten der Gläser fest andrücken. Im vorgeheizten Ofen etwa 20–25 Minuten backen, bis die Ränder hellbraun und knusprig sind.

★ Aufbewahren ★

Die Mini-Pizzas auf Zimmertemperatur abkühlen lassen und die Gläser mit den Deckeln verschließen. Im Kühlschrank können sie so 2–3 Tage, im Gefrierfach bis zu 3 Monate aufbewahrt werden. Zum Servieren den Backofen auf 180 °C vorheizen. Die Deckel von den Gläsern abschrauben und 20 Minuten backen.

---

7. Aus dem restlichen Teig 12 weitere Kugeln formen und diese flach drücken. Die Gläser aus dem Ofen nehmen (den Ofen nicht ausschalten) und jeden Teigboden 4–5 cm hoch mit Tomatensauce auffüllen. Mit Mozzarella und Basilikum belegen. Mit der zweiten Teigportion abdecken, diese ein wenig ins Glas hineindrücken. Mit etwas Öl beträufeln und mit grobem Salz bestreuen. Wieder in den Ofen stellen und 25–30 Minuten backen, bis die Pizza oben braun und knusprig ist. Heiß servieren.

★ Aufbewahren ★

Die Tartes können bis zu 3 Monate ungebacken im Gefrierfach
tiefgekühlt werden. Die Tartes dafür mit ungebackenem Teig
vorbereiten und die Gläser mit den Deckeln verschließen.
Zum Servieren, die Deckel abnehmen, den Backofen auf
220 °C vorheizen und die Tartes 20–25 Minuten backen.

Auf einem goldenen Teigbett liegt eine cremig-würzige Ziegenkäsecreme mit zartem Spargel.

Spargeltartes

Ergibt: 8 kleine Gläser

 ZUBEREITEN 15 Minuten
GAREN 30 Minuten

ZUTATEN:

400 g Mürbeteig (Fertigprodukt)

Mehl, zum Bestäuben

450 g grüner Spargel, in 2.5 cm große Stücke geschnitten

90 ml Wasser

4 Eier

120 g Ziegenkäse

325 g Kochsahne

¾ TL Salz

½ TL Pfeffer

abgeriebene Schale von 1 Zitrone

1. Den Backofen auf 220 °C vorheizen.

2. Den Teig halbieren, eine Hälfte auf einer leicht bemehlten Arbeitsplatte ausrollen und 6 Teigkreise von 7,5 cm Durchmesser ausstechen. Je einen Kreis auf den Boden der Schraubgläser mit breiter Öffnung à 225 ml Inhalt legen und am Boden und an den Seiten der Gläser fest andrücken. Mit einer Gabel Löcher in die Teigböden stechen. Die Gläser auf ein Backblech stellen und 15 Minuten im vorgeheizten Ofen backen, bis der Teig hellbraun ist. Aus dem Ofen nehmen, aber den Ofen nicht ausstellen.

3. Inzwischen den Spargel in eine mittelgroße mikrowellengeeignete Schüssel mit Wasser geben. Mit Frischhaltefolie abdecken und auf hoher Stufe 1–2 Minuten garen, bis der Spargel gerade weich ist.

4. Eier, Käse, Sahne, Salz, Pfeffer und Zitronenschale in eine Schüssel geben und mit einem Handmixer glatt rühren. Die Mischung auf die Gläser mit den Teigböden verteilen. Dann den Spargel in einer Schicht auf der Käsemischung verteilen.

5. Den restlichen Teig ausrollen und wieder 7,5 cm große Kreise ausstechen. Mit einer Gabel Löcher in die Teigböden stechen und auf die Gläser verteilen. Die Teigränder am Glas festdrücken und die Tartes 15 Minuten im vorgeheizten Ofen backen, bis die Füllung fest und der Teigdeckel goldbraun und knusprig ist. Einige Minuten abkühlen lassen, dann servieren.

Aus dem
Glas

Aus dem Glas

Wie die Abbildungen auf dieser Seite zeigen, sind Schraubgläser sehr hübsch zum Servieren und verleihen einem Partybüfett einen gewissen Retro-Chic. Befüllen Sie die Gläser in verschiedenen Schichten mit Lebensmitteln unterschiedlicher Farbe – von Salaten in Regenbogenfarben bis hin zu Schichtdesserts – und Sie werden Ihre Gäste beeindrucken. Darüber hinaus können Sie Ihre gefüllten Gläser überall mit hinnehmen, zum Picknick, auf eine Reise oder ins Büro – so haben Sie Ihr Essen immer dabei.

Damit Ihre Gerichte bestmöglich gelingen, sollten Sie sich im Vorfeld Gedanken darüber machen, wie die Schichten aussehen werden und wie die einzelnen Zutaten im Glas zusammenpassen. Beispielsweise sollten bei der Zusammenstellung von Salaten das Dressing und die festen Zutaten zuerst in die Gläser gegeben werden, Zutaten, die leicht zerfallen, wie Salatblätter gehören zuoberst. Nur so können die empfindlichen Blätter so lange wie möglich knackig und frisch bleiben. Kurz vor dem Servieren – wenn der Deckel noch festgeschraubt ist – schütteln Sie das Salatglas, damit das Dressing sich gleichmäßig verteilt.

Denken Sie aber auch daran, wie die Zutaten im Glas aussehen, wenn sie geschichtet sind. Den größten Effekt erzielen Sie, wenn Sie kontrastierende Farben und Texturen übereinanderschichten. Gehen Sie dabei ganz sorgfältig vor, am besten verwenden Sie einen Trichter mit breiter Öffnung, einen Eisportionierer oder vielleicht sogar einen Spritzbeutel.

 Roter Samtkuchen

Die satte rote Färbung des Schokoladenkuchens hebt sich wunderbar von der schneeweißen Buttercreme ab.

ERGIBT: 6 kleine Gläser

 ZUBEREITEN 20 Minuten
GAREN 20 Minuten

ZUTATEN:

200 g Mehl

3 EL Kakaopulver

¼ TL Salz

120 g weiche Butter, plus etwas mehr zum Einfetten

300 g feiner Zucker

einige Tropfen Vanillearoma

2 große Eier

150 ml Buttermilch

1 EL rote Lebensmittelfarbe aus der Tube

1 TL Apfelessig

1 TL Natron

Schokoladenraspel oder Mini-Schokotröpfchen, zum Dekorieren

Buttercreme

3 Eiweiß

150 g Zucker

225 g weiche Butter

einige Tropfen Vanillearoma

1. Den Backofen auf 180 °C vorheizen. Eine Backform mit 23 cm x 33 cm Seitenlänge einfetten.

2. Mehl, Kakaopulver und Salz in einer mittelgroßen Schüssel vermischen.

3. Butter und Zucker in eine große Schüssel geben und mit einem Handmixer auf hoher Stufe schlagen, bis die Mischung hell und schaumig ist. Das Vanillearoma zugeben, dann ein Ei nach dem anderen zufügen und gut verrühren. Die Hälfte der Mehlmischung zugeben und auf mittlerer Stufe untermischen. Buttermilch und Lebensmittelfarbe einrühren, dann die restliche Mehlmischung hinzufügen und gut einarbeiten. Den Teig vom Rand in die Schüssel schaben. Essig und Natron in einer kleinen Schüssel verquirlen und in den Teig rühren.

4. Den Teig in die vorbereitete Form einfüllen und die Oberfläche mit einem Spatel glatt streichen. Im vorgeheizten Backofen 20 Minuten backen, bis ein in die Mitte eingesteckter Holzspieß sauber wieder herausgezogen werden kann. Aus dem Ofen nehmen und einige Minuten abkühlen lassen. Dann auf ein Kuchengitter stürzen und vollständig auskühlen lassen.

5. Inzwischen für die Buttercreme ein Wasserbad vorbereiten. Dafür in einem Topf Wasser zum Kochen bringen und sanft köcheln lassen. In einer hitzebeständigen Schüssel Eiweiß und Zucker vermischen und auf das Wasserbad setzen. Die Schüssel sollte dabei das Wasser berühren. Etwa 5 Minuten ständig rühren, bis sich der Zucker vollständig aufgelöst hat und warm ist. Zur Probe vorsichtig etwas Flüssigkeit entnehmen und zwischen Daumen und Zeigefinger reiben. Wenn keine Körner mehr zu fühlen sind, ist der Zucker aufgelöst. Den Topf vom Herd nehmen und die Masse mit einem Handmixer 5 Minuten auf höchster Stufe schlagen, bis sie steif ist und glänzende Spitzen wirft. Je 1–2 Esslöffel Butter zugeben und weiterrühren. Das Vanillearoma untermischen.

Die fertigen Kuchen können mit Deckel 2 Tage im Kühlschrank aufbewahrt werden, im Gefrierfach bis zu 3 Monate. Lassen Sie sie vor dem Servieren auf Zimmertemperatur abkühlen, dann entfalten sich die Aromen am besten.

6. Mit einer Ausstechform von 6 cm Durchmesser 12 Kuchenkreise ausstechen. Je einen Kreis in die Schraubgläser à 225 ml Inhalt legen. Darauf jeweils 1 großen Löffel Buttercreme geben, dann einen zweiten Teigkreis auflegen. Mit einer weiteren Schicht Buttercreme abschließen, dabei die Creme mit dem Löffel schön festdrücken. Mit Schokoladenraspeln bestreuen und sofort servieren.

 **Dieses unwiderstehliche Dessert besteht aus einer feinen Erdnussbuttercreme auf himmlisch lockerem Biskuit und einer Haube aus dunkler Schokolade.**

Erdnussbutter-Schoko-Cupcakes

ERGIBT: 6 große oder 12 kleine Gläser

 ZUBEREITEN 30 Minuten
GAREN 20 Minuten

ZUTATEN:

125 g Mehl

65 g Kakaopulver

1½ TL Backpulver

¼ TL Salz

120 g weiche Butter, plus etwas mehr zum Einfetten

200 g feiner Zucker

einige Tropfen Vanillearoma

2 große Eier

125 g Sahne

Buttercreme & Glasur

120 g weiche Butter

125 g Erdnussbutter

185–315 g Puderzucker

2 EL Milch

1 Prise Salz

225 g Schokoladenkuvertüre

2 EL Pflanzenöl

1. Den Backofen auf 180 °C vorheizen. Eine Backform mit 23 cm x 33 cm Seitenlänge einfetten.

2. Für den Kuchen Mehl, Kakaopulver, Backpulver und Salz in eine mittelgroße Schüssel geben.

3. Butter und Zucker in eine zweite Schüssel geben und mit einem Handmixer auf hoher Stufe schlagen. Das Vanillearoma zugeben, dann die Eier einzeln einarbeiten. Die Hälfte der Mehlmischung zugeben und auf mittlerer Stufe unterrühren. Erst die Sahne zugeben, dann die restliche Mehlmischung einarbeiten. Den Teig vom Rand in die Schüssel schaben.

4. Den Teig in die vorbereitete Form geben. Im vorgeheizten Backofen 20 Minuten backen, bis ein in die Mitte eingesteckter Holzspieß sauber wieder herausgezogen werden kann. Aus dem Ofen nehmen und einige Minuten abkühlen lassen. Dann auf ein Kuchengitter stürzen und vollständig auskühlen lassen.

5. Für die Buttercreme Butter und Erdnussbutter in eine Schüssel geben. Mit einem Handmixer zu einer cremigen Masse rühren. 185 g Puderzucker, Milch und Salz unterrühren. Gegebenenfalls mehr Puderzucker zufügen, bis die gewünschte Konsistenz erreicht ist.

6. Den Kuchen auf die Arbeitsplatte legen mit einem Ausstecher von 6 cm Durchmesser 12 Kreise ausstechen.

7. Bei großen Gläsern je einen Kreis auf den Boden der sechs Schraubgläser à 475 ml Inhalt legen. Jeden Boden mit 1–2 Esslöffeln Buttercreme bestreichen und mit dem Löffelrücken glatt streichen. Den zweiten Teigkreis auflegen und mit einer weiteren Schicht Buttercreme bestreichen.

8. Bei kleinen Gläsern mit 225 ml Inhalt je 1 Kuchenkreis auf den Boden legen und mit einer Schicht Buttercreme bedecken.

4.

5.

7.

9. Für die Glasur Kuvertüre und Öl in eine mikrowellengeeignete Schüssel geben und auf kleiner Stufe 30 Sekunden in der Mikrowelle erhitzen, bis die Schokolade fast geschmolzen ist. Dann mit einer Gabel kräftig durchrühren, bis die Schokolade vollständig geschmolzen ist.

10. Die Kuvertüre über die Buttercreme geben, bis diese vollständig damit überzogen ist. Die Cupcakes etwa 5–10 Minunten in den Kühlschrank stellen, bis die Schokolade fest ist. Bei Zimmertemperatur servieren.

★ Aufbewahren ★

Diese Cupcakes halten sich bis zu 3 Tage im
Kühlschrank oder bis zu 3 Monate im Gefrierfach. Servieren Sie sie auf Zimmertemperatur.

★ Aufbewahren ★

Mit Deckel halten sich die Pannacottas einige Tage im Kühlschrank.
Das Kompott geben Sie auf die Pannacottas, wenn sie fest sind oder
unmittelbar vor dem Servieren.

Diese leichte, erfrischende Milchspeise schmeckt so köstlich, wie sie aussieht. Als Kompott eignet sich jede Beerensorte – Erdbeeren, Blaubeeren, Himbeeren oder eine Kombination.

Orangen-Pannacotta

Ergibt: 6 kleine Gläser

⬤ **ZUBEREITEN** 15 Minuten, plus 4 Stunden zum Kühlen
GAREN 10 Minuten

ZUTATEN:

3 EL frisch gepresster Orangensaft

2¼ TL Gelatine

1 l Milch

100 g Zucker

einige Tropfen Vanillearoma

2 TL abgeriebene Orangenschale

Brombeerkompott

225 g frische oder tiefgekühlte Brombeeren

4 EL Wasser

50 g Zucker

2 EL Zitronensaft

1. Den Orangensaft in eine kleine Schüssel geben und die Gelatine darüberstreuen. Beiseitestellen, bis die Gelatine aufgequollen ist.

2. Milch, Zucker und Vanillearoma in einen mittelgroßen Topf geben und auf mittlerer Stufe erhitzen. Zum Köcheln bringen und so lange rühren bis sich der Zucker aufgelöst hat. Vom Herd nehmen und Orangenschale und Gelatinemischung einrühren. So lange rühren, bis die Gelatine vollständig aufgelöst ist. Die Mischung auf sechs Schraubgläser mit breiter Öffnung à 225 ml Inhalt verteilen. Auf Zimmertemperatur abkühlen lassen, dann mit den Deckeln verschließen und für mindestens 4 Stunden in den Kühlschrank stellen.

3. Für das Kompott alle Zutaten in einen mittelgroßen Topf geben und auf mittlerer Stufe unter Rühren erhitzen. Zum Kochen bringen, die Hitze leicht reduzieren und köcheln lassen, bis der Zucker sich aufgelöst hat. Sobald die Flüssigkeit beginnt anzudicken und die Früchte zerfallen, vom Herd nehmen und auf Zimmertemperatur abkühlen lassen.

4. Die Deckel von den Pannacotta-Gläsern abschrauben, das Kompott darüberlöffeln und sofort servieren.

 Wenn Sie gekühlten Kuchen in Einzelportionen servieren möchten, ist die Zubereitung in Schraubgläsern die ideale Lösung.

Sahne-Keks-Kuchen

Ergibt: 6 kleine Gläser

🕐 **ZUBEREITEN** 15 Minuten, plus 4 Stunden zum Kühlen
GAREN ohne

ZUTATEN:

475 g Sahne

50 g Zucker

abgeriebene Schale und Saft von 1 Zitrone

36 weiche Ingwerkekse (oder andere weiche Kekse), 12 davon halbiert

40 g kandierter Ingwer, gehackt, zum Dekorieren

1. Die Sahne in eine große Schüssel geben und steif schlagen. Zucker, Zitronenschale und -saft zugeben und verrühren.

2. Je 2 Esslöffel der Mischung auf den Boden eines Schraubglases mit breiter Öffnung à 225 ml Inhalt geben. Jede Sahneschicht mit 1½ Keksen bedecken.

3. Je 2 weitere Esslöffel Sahnemischung auf die Kekse geben und diese wieder mit 1½ Keksen bedecken. Insgesamt passen 4 Schichten mit Keksen in jedes Glas.

4. Mit einer Schicht Sahne abschließen. Die Ränder der Gläser sauber wischen und die Gläser mit den Deckeln verschließen. Für mindestens 4 Stunden zum Kühlen in den Kühlschrank stellen.

5. Kurz vor dem Servieren die Deckel abschrauben und die Desserts mit gehacktem Ingwer bestreuen.

 **1.**

 **2.**

 **4.**

★ Aufbewahren ★

Diese Kuchen halten sich im Kühlschrank bis zu 3 Tage und
im Gefrierfach bis zu 3 Monate. Die tiefgekühlten Kuchen
mindestens 4 Stunden vor dem Servieren aus dem Gefrierfach
nehmen. Dann erst mit Ingwer bestreuen.

★ Aufbewahren ★

Bananensplits könnten bis zu 3 Monate tiefgekühlt werden.
Folgen Sie dem Rezept bis zur dritten Eiscremeschicht.
Schrauben Sie die Deckel auf und frieren Sie die Gläser ein.
Nehmen Sie die Gläser etwa 10 Minuten vor dem Servieren aus
dem Gefrierfach und garnieren Sie sie kurz vor dem Servieren
mit Schokoladensauce, Sahne, Nüssen und Kirschen.

Bananensplits

Eiscreme in drei Geschmacksrichtungen wechselt sich mit Bananen und Schokoladensauce ab. Sahne, Nüsse und eine Kirsche runden dieses köstliche Dessert ab.

ERGIBT: 6 große Gläser

ZUBEREITEN 15 Minuten
GAREN 5 Minuten

ZUTATEN:

450 g Schokoladeneiscreme

450 g Vanilleeiscreme

450 g Erdbeereiscreme

6 reife Bananen, in Scheiben

Schokoladensauce

120 g Milchschokolade, gehackt

125 g Sahne

2 EL Butter, gewürfelt

1 Prise Salz

Zum Dekorieren

225 g geschlagene Sahne

3 EL gehackte Nüsse

6 Maraschino-Kirschen

1. Die Eiscreme aus dem Gefrierfach nehmen und zum Antauen 10 Minuten beiseitestellen.

2. Inzwischen für die Schokoladensauce Schokolade, Sahne, Butter und Salz in ein mikrowellengeeignetes Gefäß geben. Auf geringer Stufe 30 Sekunden erhitzen, bis die Sahne heiß und die Schokolade fast geschmolzen ist. Kräftig rühren, bis die Schokolade vollständig geschmolzen ist und sich mit den anderen Zutaten gut verbunden hat. Einige Minuten abkühlen lassen.

3. Ein Drittel der Scheiben von 1 Banane auf die Böden der sechs Schraubgläsern mit breiter Öffnung à 225 ml Inhalt verteilen. Je 1 Kugel Erdbeereis darübergeben und mit dem Löffelrücken flach drücken. Eine weitere Schicht Bananenscheiben zufügen, gefolgt von 1 Kugel Schokoladeneis. Diese ebenfalls verteilen und andrücken. Schließlich jeweils eine dritte Schicht Bananen auf dem Eis verteilen und 1 Kugel Vanilleeis daraufgeben. Mit Schokoladensauce beträufeln. Jedes Glas mit Schlagsahne, gehackten Nüssen und je 1 Kirsche garnieren und sofort servieren.

2.

3.

3.

★ Aufbewahren ★

Dieser leckere Minzesirup hält sich luftdicht verschlossen im Kühlschrank für
lange Zeit. Das Rezept eignet sich natürlich auch für kleinere Cocktails. Dafür
benötigt man zwölf Gläser à 225 ml Inhalt und jeweils die Hälfte der Menge.

Diese Cocktails sind perfekt für einen Grillabend oder eine Party mit Freunden. Sie können im Voraus zubereitet werden, sodass Sie während der Party mehr Zeit für Ihre Gäste haben.

Mojitos to go

ERGIBT: 6 große Gläser

⏱ **ZUBEREITEN** 10 Minuten
GAREN 5 Minuten

ZUTATEN:

30 frische Minzeblätter, plus etwas mehr zum Servieren

1,7 l Sodawasser

350–500 ml heller Rum

225 ml Limettensaft

Minzezweige, Eiswürfel und Limettenspalten, zum Servieren

Minzesirup

300 g Zucker

350 ml Wasser

20 g frische Minzeblätter, zerzupft

1. Für den Minzesirup Zucker und Wasser in einen Topf geben und auf mittlerer Stufe zum Kochen bringen. Dann die Hitze reduzieren und unter Rühren etwa 2 Minuten köcheln lassen, bis der Zucker sich vollständig aufgelöst hat. Vom Herd nehmen, die Minzeblätter einrühren, abdecken und etwa 1 Stunde zum Ziehen beiseitestellen. Den Sirup durch ein Sieb in einen Krug abseihen, die Minzeblätter entfernen und den Sirup bis zum Gebrauch in den Kühlschrank stellen.

2. Für die Cocktails 85 ml Minzesirup in jedes der sechs Schraubgläser mit 475 ml Inhalt geben. 5 frische Minzeblätter mit den Fingern leicht zerdrücken und zugeben. Minze und Sirup mit einem Löffel verrühren. Je 300 ml Sodawasser hinzugießen und mit 50–85 ml Rum und mit 3 Esslöffeln Limettensaft auffüllen. Die Gläser mit Deckeln verschließen und vorsichtig schütteln. Bis zum Servieren die Gläser in den Kühlschrank, in eine Kühlbox oder einen Eimer mit Eiswürfeln stellen. Vor dem Servieren mit frischen Minzezweigen, Eiswürfeln und Limettenspalten dekorieren. Die Cocktails sollten möglichst kalt serviert werden.

1.

2.

2.

Rucolasalat mit Roter Bete

Kräftige Rote Bete ganz unten, frische grüne Rucolablätter in der Mitte und leuchtende Orangenstreifen ganz oben – ein Fest für die Sinne!

ERGIBT: 6 große Gläser

ZUBEREITEN 15 Minuten
GAREN 2 Stunden 40 Minuten, plus eine Nacht zum Kandieren der Orangenschale

ZUTATEN:

Kandierte Orangenschale

2 große Orangen (z. B. Navel)

100 g Zucker

Vinaigrette

4 EL Weißweinessig

2 EL Dijon-Senf

2 TL Honig

1 TL Salz

½ TL Pfeffer

4 EL Olivenöl

Salat

6 Rote Beten

6 Handvoll Rucola

85 g Blauschimmelkäse, zerbröselt

25 g Walnuss- oder Pekannusskerne

1. Für die kandierte Orangenschale die Schale ohne die weiße Haut mit einem Sparschäler von den Orangen schälen. Die Zesten in 5 mm breite Streifen schneiden. In einen kleinen Topf geben und mit Wasser bedecken. Das Wasser auf mittlerer Stufe zum Kochen bringen. Die Hitze reduzieren und die Orangenstreifen 5 Minuten köcheln lassen. Den Topf vom Herd nehmen und die Zesten in einem Durchschlag abtropfen lassen.

2. Den Zucker mit 125 ml Wasser in den Topf geben und auf mittlerer Stufe erwärmen, bis der Zucker sich vollständig aufgelöst hat. Die abgetropften Orangenzesten zugeben und zum Köcheln bringen. Den Herd auf kleine Stufe stellen und 20 Minuten köcheln lassen, bis die Orangenzesten glasig sind.

3. Inzwischen den Backofen auf die kleinste Stufe vorheizen und ein Backblech mit Backpapier auslegen.

4. Die Zesten mit einem Schöpflöffel aus dem Topf nehmen, dabei Restflüssigkeit abtropfen lassen. Die Zesten in einer Lage über das Backblech verteilen und für 1 Stunde im Ofen backen. Den Ofen ausstellen, das Blech aber nicht herausnehmen. Über Nacht oder bis zu 24 Stunden im Ofen lassen, bis die Zesten knusprig sind.

5. Für den Salat den Backofen auf 240 °C vorheizen.

6. Jede Rote Bete in Alufolie einwickeln und etwa 1¼ Stunden im Ofen backen, bis sie weich ist. Aus dem Ofen nehmen und abkühlen lassen. Wenn die Rote Beten ausreichend abgekühlt sind, aus der Folie wickeln, schälen und in Würfel schneiden.

7. Für die Vinaigrette Essig, Senf, Honig, Salz und Pfeffer in eine kleine Schüssel geben und gut verrühren. Das Öl zugeben und weiterrühren, bis alles gut vermischt ist.

8. Die Hälfte des Dressings über die Rote Bete geben, die andere Hälfte über den Rucola. Die Rote Bete auf sechs Schraubgläser mit breiter Öffnung à 475 ml Inhalt verteilen. Rucola zugeben, dann Käse und Nüsse auf die Gläser verteilen. Jeden Salat mit kandierter Orangenschale garnieren und sofort servieren.

1.   7.   8.

★ Aufbewahren ★

Wenn Sie diesen Salat im Voraus zubereiten wollen, verteilen Sie zunächst die
Vinaigrette auf dem Boden der Gläser, schichten Sie dann Rote Bete, Rucola,
Käse, Nüsse und Orangenschale darüber. Fest mit Deckeln verschließen und bis
zu 3 Tage im Kühlschrank aufbewahren. Vor dem Servieren schütteln,
damit sich die Vinaigrette verteilt.

53

★ Aufbewahren ★

Dieser Salat kann bis zu 3 Tage im Voraus zubereitet
werden. Der fertig zusammengestellte Salat wird mit dem
Deckel fest verschlossen und im Kühlschrank aufbewahrt.
Vor dem Servieren auf Zimmertemperatur bringen.

Schraubgläser sind eine tolle Möglichkeit, um die frischen Farben eines Salats zur Geltung zu bringen.

Quinoa-Salat

ERGIBT: 12 kleine oder 6 große Gläser

⬤ **ZUBEREITEN** 15 Minuten
GAREN 15 Minuten

ZUTATEN:

250 g Quinoa

4 Frühlingszwiebeln, in feinen Ringen

325 g Erdbeeren, in Scheiben

120 g Ziegenfrischkäse, zerkrümelt

85 g geröstete, ungesalzene Pistazienkerne, gehackt

1 Handvoll frische Minzeblätter, gehackt

Dressing

90 ml Zitronensaft

1 TL Honig

1 TL Dijon-Senf

½ TL Salz

½ TL Pfeffer

150 ml Olivenöl

1. Die Quinoa gemäß Packungsangabe zubereiten und dann abkühlen lassen.

2. Für das Dressing Zitronensaft, Honig, Senf, Salz und Pfeffer in ein kleines Schraubglas oder eine kleine Schüssel geben und schütteln oder rühren, bis alles gut vermischt ist. Das Olivenöl zufügen und kräftig unterrühren oder schütteln.

3. 3 Esslöffel des Dressings über die Quinoa geben.

4. Um den Salat zusammenzustellen, je 1 Esslöffel Dressing in jedes Schraubglas à 225 ml Inhalt geben oder 2 Esslöffel in jedes der großen Schraubgläser à 475 ml Inhalt geben. Eine Schicht Quinoa darübergeben, die Frühlingszwiebeln darüber verteilen, dann eine Schicht Erdbeeren, eine Schicht Käse und eine Schicht Pistazien in die Gläser geben. Mit der Minze als Garnierung abschließen. Das restliche Dressing gleichmäßig auf alle Gläser verteilen und sofort servieren.

1.

4.

4.

Aus der
Küche

Aus der Küche

Selbstgemachtes liegt gerade wieder im Trend. Nichts liegt da näher, als auch Geschenke selbst herzustellen. Denn was könnte schöner sein als eine feine selbst gemachte Köstlichkeit? Schraubgläser sind ideale Verpackungen für Plätzchen zum Selberbacken, oder Mischungen für Suppen, Brezeln, Brownies, Muffins, Pfannkuchen und vieles mehr.

Wählen Sie als Geschenkglas unversehrte Gläser mit fest schließendem Deckel. Geben Sie außerdem noch Informationen über die Aufbewahrung dazu – die bei jedem Rezept vorhanden sind – sowie genaue Informationen zur Zubereitung des Gerichts aus dem Glas – auch diese sind bei jedem Rezept vorhanden. Trockenmischungen können über lange Zeit an einem kühlen, trockenen, dunklen Ort gelagert werden, Plätzchenteig sollte tiefgekühlt werden.

Das Befüllen der Geschenkgläser ist erst der Anfang. Werden Sie kreativ, und gestalten Sie Etiketten, Anleitungen und sonstige Deko für die Gläser. Die Deckel können Sie mit farbigem Papier oder Stoffstücken überziehen. Ihre Geschenke sollen so gut aussehen, wie sie schmecken.

Und die Beschenkten haben doppelte Freude, einmal beim Auspacken und dann noch einmal, wenn der Duft von deftiger Linsensuppe oder frisch gebackenen Brownies, Brezeln oder Plätzchen durch ihre Küche zieht.

Schoko-Cookies mit Kokos

Dieser amerikanische Klassiker wurde ein wenig überarbeitet. Kokos verleiht den Cookies eine angenehme Süße, während der gepuffte Reis zusätzlichen Biss gibt.

ERGIBT: 6 große Gläser mit je 12 Cookies

 ZUBEREITEN 20 Minuten, plus 4 Stunden zum Gefrieren
GAREN ohne

ZUTATEN:

250 g Mehl

1½ TL Natron

¾ TL Salz

170 g weiche Butter

150 g brauner Zucker

150 g Zucker

einige Tropfen Vanillearoma

2 große Eier

150 g gepuffter Reis

150 g gesüßte Kokosraspel

260 g Schokoladentropfen

1. Zwei große Backbleche mit Backpapier auslegen. Mehl, Natron und Salz in eine mittelgroße Schüssel sieben und vermischen.

2. Die Butter und beide Zuckersorten in eine zweite Schüssel geben und mit dem Handmixer schaumig schlagen. Vanillearoma zufügen und nach und nach die Eier einarbeiten. Erst die Mehlmischung langsam unterrühren und dann die Milch. Zum Schluss gepufften Reis, Kokosraspel und Schokoladentropfen vorsichtig unterheben.

3. Mit den Händen etwa 72 Kugeln mit 2,5 cm Durchmesser aus dem Teig rollen und auf die vorbereiteten Backbleche legen. Diese für mindestens 4 Stunden, am besten aber über Nacht ins Gefrierfach stellen, bis die Kugeln vollständig gefroren sind.

4. Je 12 Teigkugeln in ein Schraubgläser mit breiter Öffnung à 475 ml Inhalt geben. Ein Etikett mit der Backanleitung an jedem Glas befestigen.

Backanleitung für Schoko-Cookies mit Kokos

Den Teig bis zur Verwendung einfrieren. Den Backofen auf 180 °C vorheizen und die tiefgekühlten Teigkugeln im Abstand von 5 cm auf ein nicht eingefettetes Backblech legen. Die Kekse etwa 12 Minuten im Ofen backen, bis sie auseinandergegangen sind und am Rand leicht braun sind. Aus dem Ofen nehmen und 1–2 Minuten auf dem Backblech abkühlen lassen. Die Cookies mit einem Spatel lösen und auf ein Kuchengitter legen. Warm oder auf Zimmertemperatur abgekühlt servieren.

2.

2.

3.

★ Aufbewahren ★

Im Gefrierfach hält sich der tiefgekühlte
Cookie-Teig bis zu 3 Monate.

2.

4.

5.

★ Aufbewahren ★

Im Gefrierfach hält sich der tiefgekühlte
Plätzchenteig bis zu 3 Monate.

Diese würzigen Ingwerplätzchen schmecken nicht nur unglaublich gut, sie duften auch unwiderstehlich. So macht Schenken Spaß!

Weihnachtliche Ingwerplätzchen

ERGIBT: 6 große Gläser mit je 12 Cookies

ZUBEREITEN 30 Minuten, plus 4 Stunden Gefrieren
GAREN ohne

ZUTATEN:

500 g Mehl

2 TL Natron

1 TL Salz

2 EL gemahlener Ingwer

2 TL gemahlener Zimt

1 TL Nelkenpulver

350 g weiche Butter

200 g Zucker

200 g brauner Zucker

2 große Eier

250 g Zuckerrübensirup

400 g grober brauner Zucker

1. Zwei Backbleche mit Backpapier auslegen.

2. Mehl, Natron, Salz, Ingwer, Zimt und Nelkenpulver in einer mittelgroßen Schüssel vermischen.

3. Die Butter und beide Zuckersorten in eine zweite Schüssel geben und mit dem Handmixer hell und schaumig schlagen. Nach und nach die Eier und den Zuckerrübensirup zufügen. Die Mehlmischung sorgfältig einrühren, dabei immer wieder den Teig vom Rand in die Mitte der Schüssel schaben.

4. Den groben braunen Zucker auf einen Teller streuen. Aus dem Teig Kugeln von 4 cm Durchmesser formen und im Zucker rollen, bis sie vollständig damit überzogen sind. Die Kugeln mit ausreichend Abstand auf die Backbleche legen. Wenn das erste Blech gefüllt ist, den Teig mit den Fingerspitzen auf 7,5 cm Durchmesser (etwa wie der Durchmesser des Einmachglases) und 1,5 cm Dicke flach drücken. Sollten die Finger zu klebrig werden, reiben Sie sie mit ein wenig Zucker ab. Das Blech ins Gefrierfach stellen. Das zweite Blech belegen und ebenfalls ins Gefrierfach stellen und mindestens 4 Stunden, am besten aber über Nacht tiefkühlen, bis der Teig vollständig gefroren ist.

5. Je 12 Plätzchenrohlinge in ein Schraubgläser mit breiter Öffnung à 475 ml Inhalt geben. Ein Etikett mit der Backanleitung an jedem Glas befestigen.

Backanleitung für weihnachtliche Ingwerplätzchen

Den Teig bis zur Verwendung im Gefrierfach lagern. Den Backofen auf 180 °C vorheizen und die tiefgekühlten Plätzchen auf ein nicht gefettetes Backblech legen. Etwa 12 Minuten im Ofen backen, bis die Plätzchen oben trocken und knusprig sind. Aus dem Ofen nehmen und auf ein Kuchengitter legen. Vor dem Servieren auf Zimmertemperatur abkühlen lassen.

Mit diesem schokoladigen Brownie-Mix kann keine Fertigbackmischung mithalten.

Brownie-Mix mit Extraschokolade

ERGIBT: 6 große Gläser mit Trockenzutaten für 12 Brownies

🕐 **ZUBEREITEN** 10 Minuten
GAREN ohne

ZUTATEN:

750 g Mehl
1½ TL Salz
600 g brauner Zucker
800 g Zucker
350 g Kakaopulver
450 g geröstete Haselnüsse, gehackt
525 g Mini-Schokoladentropfen

1. Zur Vorbereitung dieser Geschenkgläser alle Zutaten gleichmäßig auf sechs Schraubgläser mit breiter Öffnung à 475 ml Inhalt verteilen. Beim Schichten mit dem Mehl beginnen. Die Gläser mit den Deckeln fest verschließen.

2. An jedem Glas ein Etikett mit der Backanleitung befestigen.

Backanleitung für Brownie-Mix mit Extraschokolade

Man nehme

2 große Eier

2 Esslöffel Milch

einige Tropfen Vanillearoma

120 g Butter, zerlassen, plus etwas mehr zum Einfetten

Den Backofen auf 180 °C vorheizen und eine rechteckige Backform mit 23 cm x 33 cm Seitenlänge einfetten.

Den Brownie-Mix aus dem Glas in eine große Rührschüssel umfüllen. Eier, Milch und Vanillearoma in eine zweite Schüssel geben und verrühren. Die Eimischung zu den Trockenzutaten geben und alles gut vermischen. Die zerlassene Butter einrühren.

Den Teig in die vorbereitete Backform geben und im vorgeheizten Ofen etwa 20 Minuten backen, bis die Oberfläche trocken ist und ein in die Mitte gestochener Holzspieß fast sauber wieder herausgezogen werden kann. Aus dem Ofen nehmen und zum Auskühlen auf ein Kuchengitter setzen. Vor dem Servieren auf Zimmertemperatur abkühlen lassen.

1.

1.

1.

★ Aufbewahren ★

Sie können den Brownie-Mix bis zu 6 Monate an
einem kühlen und trockenen Ort lagern.

 **Mit nur ganz wenigen Zutaten zaubern Sie aus diesem Mix einen wunderbaren Snack.**

Muffin-Mix mit Kirschen

ERGIBT: 6 große Gläser mit Trockenzutaten für 6 Brownies

ZUBEREITEN 10 Minuten
GAREN ohne

ZUTATEN:

300 g brauner Zucker

425 g getrocknete Kirschen

300 g Zucker

140 g gemahlene Mandeln

1 Tütchen Backpulver

1½ TL Salz

550 g Mehl

1. Zur Vorbereitung dieser Geschenkgläser alle Zutaten gleichmäßig auf sechs Schraubgläser mit breiter Öffnung à 475 ml Inhalt verteilen. Beim Schichten mit dem Zucker beginnen. Die Gläser mit den Deckeln fest verschließen.

2. An jedem Glas ein Etikett mit der Backanleitung befestigen.

Backanleitung für Muffin-Mix mit Kirschen

Man nehme

2 große Eier, leicht verquirlt

125 ml Milch

einige Tropfen Vanille- oder Mandelaroma

120 g Butter, zerlassen, plus etwas mehr zum Einfetten (nach Belieben)

Den Backofen auf 180 °C vorheizen und eine Muffinform mit 6 Mulden leicht einfetten oder mit Papierförmchen auslegen.

Den Muffin-Mix in eine große Rührschüssel geben und durchrühren. Eier, Milch und Vanillearoma in eine kleine Schüssel geben und verquirlen. Die Eimischung zu den Trockenzutaten geben und alles mit einem Holzlöffel sorgfältig vermischen. Die Butter zugeben und gut unterrühren.

Den Teig in die vorbereitete Backform löffeln. Im vorgeheizten Ofen 20–22 Minuten backen, bis die Muffins oben beginnen, goldbraun zu werden, und ein in die Mitte gestochener Holzspieß sauber wieder herausgezogen werden kann. Aus dem Ofen nehmen und zum Auskühlen auf ein Kuchengitter stellen. Warm oder auf Zimmertemperatur abgekühlt servieren.

1.

1.

1.

★ Aufbewahren ★

Fest verschlossen und an einem kühlen, trockenen Ort
gelagert hält sich der Muffin-Mix bis zu 6 Monate.

Pfannkuchen-Mix

Für ein leckeres Frühstück gibt es nichts Schöneres als frische selbst gemachte Pfannkuchen. Süße, fruchtige Blaubeeren und köstliches Zimtaroma machen diese Pfannkuchen unvergesslich.

ERGIBT: 6 große Gläser mit Trockenzutaten für 2 Portionen

🕐 ZUBEREITEN 10 Minuten
GAREN ohne

ZUTATEN:

750 g Mehl

2 EL Backpulver

1 EL Natron

1 EL Salz

175 g Zucker

1 EL Zimt

175 g brauner Zucker

210 g getrocknete Blaubeeren oder andere getrocknete Beeren nach Belieben

90 g gehackte Pekannusskerne oder andere Nüsse nach Geschmack

1. Zur Vorbereitung dieser Geschenkgläser müssen alle Zutaten gleichmäßig auf sechs Schraubgläser mit breiter Öffnung à 475 ml Inhalt verteilt werden. Beim Schichten mit dem Mehl beginnen. Dann die Gläser mit den Deckeln fest verschließen.

2. An jedem Glas ein Etikett mit der Anleitung befestigen.

Anleitung für Pfannkuchen

Man nehme

225 ml Buttermilch oder Milch

1 Ei

1 Esslöffel Butter, zerlassen, plus etwas mehr zum Ausbacken der Pfannkuchen

Ahornsirup, zum Servieren

Buttermilch und Ei in eine große Schüssel geben und verrühren. Den Mix aus dem Glas hinzufügen, dann die Butter zugeben und alles sorgfältig vermischen.

Ein wenig Butter in einer Pfanne auf mittlerer Stufe zerlassen. Für einen Pfannkuchen etwa 4 Esslöffel Teig in die heiße Pfanne geben, verteilen und 2–3 Minuten braten, bis sich auf der Oberfläche Bläschen bilden und platzen. Den Pfannkuchen wenden und weitere 2 Minuten braten, bis er goldbraun ist. Heiß und mit Ahornsirup beträufelt servieren.

★ Aufbewahren ★

Der Pfannkuchen-Mix hält sich bis zu 6 Monate. Die Gläser fest
verschrauben und an einem kühlen, trockenen Ort lagern.

Der Kakao-Mix hält sich bis zu 6 Monate. Die Gläser mit den Deckeln fest verschließen und an einem kühlen, trockenen Ort lagern.

 **Die Pfefferminz-Schokolade gibt diesem Kakao-Mix einen ganz besonderen Geschmack.**

Kakao-Mix mit Pfefferminz-Schokolade

ERGIBT: 6 große Gläser mit Trockenzutaten für 6 Portionen

⏱ **ZUBEREITEN** 10 Minuten
GAREN ohne

ZUTATEN:

690 g Milchpulver

125 g Kakaopulver

300 g Zucker

250 g Pfefferminz-Schokolade, gehackt

1. Zur Vorbereitung dieser Geschenkgläser alle Zutaten gleichmäßig auf sechs Schraubgläser mit breiter Öffnung à 475 ml Inhalt verteilen. Beim Schichten mit dem Milchpulver beginnen. Die Deckel fest verschrauben.

2. An jedem Glas ein Etikett mit der Anleitung befestigen.

Anleitung für den Kakao-Mix mit Pfefferminz-Schokolade

Den Inhalt des Glases in eine große Schüssel umfüllen und vermischen. Pro Portion 40 g Mischung in einen Becher geben und 175 ml heißes Wasser oder heiße Milch zugießen. Rühren, bis alles vollständig aufgelöst ist. Sofort servieren.

Brezel-Mix mit Bier & Kräutern

Komplementieren Sie dieses außergewöhnliche Geschenk mit einem Beutelchen grobem Salz und einem Gläschen süßen Senf.

ERGIBT: 6 große Gläser mit Trockenzutaten für 8 Brezeln

ZUBEREITEN 10 Minuten
GAREN ohne

ZUTATEN:

1,3 kg Mehl

2 EL Zucker

2 EL plus ¾ TL Trockenbackhefe

4 EL getrocknete Kräuter, wie z. B. Thymian, Rosmarin, Basilikum oder Oregano

3 EL Salz

1. Zur Vorbereitung dieser Geschenkgläser alle Zutaten gleichmäßig auf sechs Schraubgläser mit breiter Öffnung à 475 ml Inhalt verteilen. Beim Schichten mit dem Mehl beginnen. Die Deckel fest verschließen.

2. An jedem Glas ein Etikett mit der Anleitung befestigen.

Anleitung für den Brezel-Mix mit Bier & Kräutern

Man nehme

175 ml Bier auf Zimmertemperatur

1 EL zerlassene Butter

30 g Mehl, plus etwas mehr zum Bestäuben

1 Eigelb, verquirlt mit 1 EL Wasser

grobes Salz, zum Bestreuen

Zur Zubereitung der Brezeln den Inhalt des Glases in eine große Rührschüssel umfüllen. Bier und Butter zufügen und gut vermischen. Das Mehl esslöffelweise zugeben, bis die Mischung trocken genug ist, um sie mit den Händen kneten zu können. Sie sollte allerdings immer noch leicht klebrig sein. Einige Minuten kneten, bis ein glatter Teig entsteht. Den Teig mit einem Geschirrtuch abdecken und an einem warmen Ort 1 Stunde gehen lassen oder bis das Volumen sich verdoppelt hat.

Den Backofen auf 220 °C vorheizen und ein Backblech mit Backpapier auslegen.

Den Teig auf die leicht bemehlte Arbeitsfläche geben und in 8 Portionen aufteilen. Jede zu einer Kugel formen und diese in Stränge von etwa 30 cm Länge ausrollen. Die Stränge zu Brezeln formen und auf das vorbereitete Backblech legen.

★ Aufbewahren ★

Der Brezel-Mix hält sich bis zu 6 Monate. Das Glas verschließen
und an einem kühlen, trockenen Ort lagern.

Die Oberflächen der Brezeln mit der Eigelbmischung einpinseln und mit
grobem Salz bestreuen. Im vorgeheizten Ofen 25 Minuten backen, bis die
Brezeln goldbraun sind. Aus dem Ofen nehmen, auf ein Kuchengitter legen
und abkühlen lassen. Warm oder auf Zimmertemperatur abgekühlt servieren.

1.

2.

2.

★ Aufbewahren ★

Der Linsensuppen-Mix hält sich bis zu 6 Monate.
Das Glas verschließen und an einem kühlen,
trockenen Ort lagern.

Diese aromatische, hausgemachte Linsensuppe ist schnell zubereitet und ergibt eine sättigende Mahlzeit.

Linsensuppen-Mix

ERGIBT: 6 große Gläser mit Trockenzutaten für 4 Portionen

ZUBEREITEN 10 Minuten
GAREN ohne

ZUTATEN:

800 g getrocknete rote Linsen
400 g Langkornreis
130 g sonnengetrocknete Tomaten, fein gehackt
4 EL geräuchertes Paprikapulver
2 EL Paprikapulver edelsüß
2 EL gemahlener Kreuzkümmel
2 EL Salz
1 EL Knoblauchpulver
1 EL Cayennepfeffer
180 g Hühnerbrühe- oder Gemüsebrühegranulat

1. Zur Vorbereitung dieser Geschenkgläser alle Zutaten gleichmäßig auf sechs Schraubgläser mit breiter Öffnung à 475 ml Inhalt verteilen. Beim Schichten mit den Linsen beginnen. Die Deckel fest verschrauben.

2. An jedem Glas ein Etikett mit der Anleitung befestigen.

Anleitung für die Linsensuppe

Man nehme

2 EL Olivenöl

½ Zwiebel, gewürfelt

1 Karotte, gewürfelt

1 Selleriestange, gewürfelt

1,4 l Wasser

Das Öl bei mittlerer Temperatur in einem großen Topf erhitzen. Die Zwiebel zufügen und unter Rühren 5 Minuten braten, bis sie glasig ist. Karotte, Sellerie und den Inhalt des Glases zugeben und unter Rühren weitere 1–2 Minuten anbraten. Das Wasser zugießen, zum Kochen bringen und die Hitze etwas reduzieren. Etwa 30–35 Minuten köcheln lassen, bis Reis und Linsen weich sind. Sofort servieren.

Register

This edition published by Parragon Books Ltd

LOVE FOOD® is an imprint of Parragon Books Ltd

Parragon Books Ltd
Chartist House
15–17 Trim Street
Bath BA1 1HA, UK
www.parragon.com

Projektmanagement: Annabel King
Design: Amy Orsborne
Fotographie: Mike Cooper
Ernährungsberatung: Lincoln Jefferson
Neue Rezepte: Robin Donovan
Lektorat: Fiona Biggs

Realisation der deutschen Ausgabe:
trans texas publishing services GmbH, Köln

ISBN 978-1-4723-4052-8

Printed in China

Hinweis
Ein Esslöffel entspricht 15 ml, ein Teelöffel entspricht 5 ml.
Sofern nicht anders angegeben, wird vollfette Milch (3,5 %) verwendet. Bei einzelnen Obst- und Gemüsesorten werden
stets mittelgroße Exemplare verwendet, Eier haben die Größe M. Mit Pfeffer ist stets frisch gemahlener schwarzer
Pfeffer aus der Mühle gemeint. Wenn nicht anders beschrieben, sollten alle Obst- und Gemüsesorten vor der
Verwendung sorgfältig gewaschen und je nach Sorte geschält werden. Zubereitungen mit rohen oder halb rohen Eiern
sollten von Kindern, Senioren, Schwangeren und Rekonvaleszenten gemieden werden.

Garnierungen und Dekorationen sind nicht unbedingt in der Zutatenliste oder Zubereitung aufgeführt. Die angegebenen
Zeiten sind lediglich Richtwerte. Die Vorbereitungszeit ist von der verwendeten Technik abhängig, die Backzeit kann von
Ofen zu Ofen variieren. Zutaten, die nach Belieben zugefügt werden, und Variationsvorschläge sind in der Angabe für die
Zubereitungszeit nicht mit berücksichtigt..